AF223028

Herstellung und Verlag:
BoD – Books on Demand, Norderstedt
ISBN 978-3-8482-5687-7

Wenn das Nichts im Kühlschrank nichtet…

… kräht der Hahn voll Lebenslust !

Ulla Michalke

Für meine Familie,

meine Freunde,

meine Freundinnen

„Ich denke, also bin ich!", meint Descartes.

Ich schreibe lieber, also bleib´ ich???

Grün
gleich Leben
Wasser und Licht
im Anfang schon das Ende
Schöpfung

Grün
gleich Grünkohl
saftig und fett
im kalten Frost geschlürft
Wohlbehagen

Ich-AG

Ich ging spazieren,
Du war auch dabei.
Ich tat sich verlieren
im eigenen Tanderadei.

       Du sollt´ applaudieren,
       verzaubert und frei,
       Zuneigung garantieren
       dem Ich! - Tanderadei.

Ich wollt´ fantasieren,
weil Du dabei;
seine Sternenwelt illuminieren
im Eigen-Ich! - Tanderadei.

       Du wollt´ sich revanchieren,
       verzagt, etwas frei;
       sein Ich präsentieren
       dem Du! - Tanderadei.

Ich musst´ protestieren
als Du gerade dabei;
auf Hochglanz polieren
sein Ich! - Tanderadei.

       Du musst´ resignieren,
       entzaubert, entzwei,
       seine Liebe revidieren…
       Auf ein Neues! - Tanderadei.

Descartes im Hühnerhof

„Ich krähe, also bin ich",
schwellt voll Stolz der Hahn die Brust.

Die Henne hat schon längst gewusst:
Der macht viel Lärm, nur selten mehr,
doch dann muss ich, die Henne her.

Leg´ Eier, brüte sie auch aus,
sorg´ für den Nachwuchs,
für den Festtagsschmaus.

Und ist mir alles gut gelungen,
dann kräht kein Hahn mit Engelszungen.
Herr Müller greift nach meinem Kropf,
Frau Müller wirft mich in den Topf.

Den nackten Leib so ganz entblößt,
die blassen Knochen ausgelöst,
verwandle ich mich ohne Mühe
in Müllers heiße Hühnerbrühe.

Die schlürft der Opa voller Lust
mit Hustensaft bei Daseinsfrust
und zeigt mir so voll Hintersinn,
dass ich fürwahr ein Prachthuhn bin.

Drum gackere ich von Frau zu Frau:

„Ich weiß es längst und ganz genau.
Erst kommt das Huhn und dann das Ei,
der Hahn schaut ab und zu vorbei.
Ansonsten bleibt er, wie er ist:

Ein stolzer Hahn auf seinem Mist !

Bei Klähr

Frei nach Heinrich Heine

Wir aßen und tranken am Stammtisch
und hatten die Welt im Griff.
Der Wirt gab sich locker lakonisch,
und Hans durch die Zähne pfiff.

Die Welt muss sein platonisch.
Der Musiker wusst´ es genau.
Doch Ulla lächelt ironisch:
Was bist du doch, Hänschen, so schlau.

Die Welt ist süchtig und gierig
nach deinem und meinem Moos,
und guckst du nicht stur und stierig,
dann bist du´s ruckzuck wieder los.

Die Welt ist global und beweglich.
Das Tempo rasant und recht frech.
Doch jammerst du lauthals täglich,
dann geht´s dir erbärmlich schlecht.

Drum hab´ ich, sagt Susi beflissen,
Musik in Kunststoff gebrannt.
Bei Bach und mit Wärmekissen
erschließt die Welt dir Herr Kant.

Und Frauke lächelt freimütig:
Die Welt ist mein größtes Pläsier.
Drum präsentier´ ich euch gütig
den Grünkohl und noch ein Bier.

Und Leo, vom Alter recht weise,
im Rücken den warmen Kamin,
stellt´ s Hörgerät still und ganz leise,
lässt Welten vorüberzieh´ n.

Doch Bärbel entscheidet westfälisch:
Ich habe die Welt im Griff.
Ich mal´ sie mit Farbe ästhetisch
und geb´ ihr den letzten Schliff.

Wir sitzen noch immer am Stammtisch
und halten die Welt ganz fest.
Verzehren mal locker, mal hektisch
begierig den spärlichen Rest.

2006

Auf zu neuen Ufern

Im Fitness-Studio

Fühlst du dich klapprig und alt,
im Rücken schwach, ständig kalt,
dann ist es allerhöchste Zeit
für Gesundheitsscheck und Zeitvertreib
im Studio mit Damen gepflegter Dezenz
und jungen Männer vom letzten Lenz.

Ein strammer Harro mit festem Blick
bestimmt verwaltungstechnisch
dein Geschick.

Und Jens, rechts-links floral tätowiert,
beim Training dich charmant kontrolliert.

Sepp, der Fachmann mit forschendem Blick,
prüft Knochen, Bänder und dein Genick.

Die drei beschließen geschäftig mit
Schwung:

Ist der Kunde auch klapprig,
für uns ist er jung!

Drum wirst du hartnäckig per Du beglückt
und ohne Pardon
mit dem Heilsplan bestückt.

Beim Warm-up per Laufband,
anfangs gemächlich,
merkst du recht bald:
Ich bin etwas schwächlich.

Das Rad, von zu Hause sehr vertraut,
dir glatt deine gute Laune versaut.

Der Diener so Schulter und Rücken traktiert,
dass dein Hohlkreuz aufheult,
ganz ungeniert.

Die „Guillotine",
Turnvater Jahn sei´ s geklagt,
dir Bein- und Bauchmuskeln
schändlich plagt.

Die Streckbank,
in rabiater Abschussposition,
entlarvt deine Statik als reinen Hohn.

Beim Ziehen und Drücken
von oben nach unten
wirst du arthro-arthritisch geschunden.

Von vorne nach hinten
ist´ s auch nicht besser,
du denkst, im Rücken, da sitzt ein Messer.

Der Crosser,
dein letzter Hoffnungsschimmer,
entlockt dir brutal das Finalgewimmer.

Die Knochen geschunden,
die Winterhaut blau!
Das machst du nie wieder!
Du weißt es genau.!

Doch kaum zu Hause,
wird eisernern dein Blick:

Es gibt nur ein Vorwärts – und kein Zurück!!

Und sieh´! Und sieh´!
Nach Wochen und Tagen
schimmert die Hoffnung,
verschwindet das Zagen.
Denn – winzig verschämt noch –
schaut Musculus, die Maus,
verheißungsvoll aus dem T-Shirt heraus.

Jetzt eilst du mit Schwung
in die Folterkammer.
Vorbei der Zweifel, vorbei der Jammer.

Am Fitness-Himmel lockt,
höchst sympathisch,
dein neues Ego:

Muskulös !!!

Charismatisch!!!

Offenes Dreiecksverhältnis

Der Wind weht, wo er will.
Ein Ahornblatt hält niemals still,
treibt wirbelnd frech in Nachbars Garten,
von andern gefolgt, die niemals warten.

Sie tanzen vergnügt im fremden Revier
des Morgens früh und um halb vier,
lassen ermüdet sich leise fallen,
dünn gestreut oder dicht
in raschelnden Ballen,
auf dem Rasen
und unter den Büschen,
als wohliges Laubwerk
für Hamster, die süßen,
wirbeln erneut und unentwegt –

bis Herr Nachbar, das Hirn in Falten gelegt,
voll Grimm bewaffnet
mit Harke und Spaten,
erbost betritt den heimischen Garten
und, taktisch gerüstet bei Wilhelm Busch,
den Blättern droht mit wildem Huschhusch.

Mit der Harke er sie gewaltig traktiert,
bis auch das letzte Blatt angeschmiert,
gehäuft und geschichtet .....

Er, schachmatt und ganz erschöpft,
-      hätt` am liebsten die Ahörner
       selbst geköpft -
packt wütend das bunte Lumpenpack
hinein in den alten Plastiksack
und schleudert ihn wild
über Nachbars Zaun,
um ungeseh` n  dann abzuhau` n.

Der Nachbar stutzt ob der fremden Gabe
und prüft erstaunt seine neue Habe
mit pieksenden Fingern, Pinzette und Buch
auf blütenweißem Taschentuch:

Ein Ahornblatt so gelb und fein
kann niemals nich´ von uns hier sein.
Das stammt aus dem Garten zur Linken.
Man sieht die Genossen
am Baum noch winken.
Die fallen bestimmt bald auch hernieder.
Dann gibt ´s das gleiche Theater wieder.

Also - ganz fix an den Sender zurück.
Mit viel Courage, etwas Frechheit und Glück
servier` ich dem Nachbarn, dem rechten,

offen den Sack, den schlechten.
Natürlich bei Neumond - nachts –
um halb zehn,
dann kann er nichts hören und nichts seh`n. -
Mal schau´n,
was die stürmische Herbstesnacht
mit diesem Ahornsäckchen macht.

Ich warte im Bett und denke ganz still:

Der Wind weht eh, wo er wehen will!!

Randerscheinungen

Sixpack
Spielende Farben
Entgrenzung der Form
Tastend im tanzenden Schritt

Progression

Squaredance
Stampfende Schritte
Verloren in wilder Besessenheit
Gezügelt durch packenden Zugriff

Reduktion

Randerscheinungen
Lichte Freude
Gleißender Übergang
Fern das entgleitende All

Transzendenz

Glück

Willst du jemanden auf der Insel halten,
gib ihm ein Boot.

Schenk´ ihm die Nähe und Weite,
den Strand und den Horizont,
lass´ ihn Welten erkunden
und fremde Wege geh´n.

Schenk´ ihm die Stille des Meeres,
den Lärm einer fremden Stadt,
lass´ ihn die Menschen begreifen,
ihr Schicksal erahnend versteh´n.

Schenk´ ihm den Tau des Morgens,
die Glut eines Sonnentags,
lass´ ihn die Schwüle erleiden,
die Nacht der Versuchung durchsteh´n.

Schenk´ ihm den Klang fremder Sprachen,
das Wort der erschlossenen Welt,
lass ihn sein Sosein erfahren,
das Diesseits im Leben besteh´n.

Schenk´ ihm die Kraft deiner Liebe,
Sehnsucht und Zuversicht,
lass´ ihn den Weg eures Lebens
mit dir in Freiheit geh´n.

Angeregt durch das Sprichwort der Indianer:

Willst du jemanden auf einer Insel halten,
gib ihm ein Boot.

Pinten-Emmi

Busen raus,
aus dem Haus,
Wilhelm dann hintenan,
        rauscht 1,50er
Emmi.

Kneipentür,
Emmi hier,
Bauernschar - alle da! -,
        empfängt Gran-Dame
Emmi.

Thekenplatz,
Gottfried-Schatz,
seine Pranke, schwer, nicht schlanke,
        fällt auf Rücken
Emmi.

Thekenhocker,
Stimmung locker,
geiler Blick – Heinz schluckt Schlick
        und verschlingt dann

Emmi.

Kleingewachsen,
krumm die Haxen,
140er Bock mit dem Stock,
       Wilhelm drängt zu
Emmi.

Laut ihr Mundwerk,
klein der Gartenzwerg,
hoch die Tassen, kann´s nicht lassen,
       bezirzt andere Männer
Emmi.

Anstreicher Gottfried
am Ecktisch im dritten Glied
mit Lied auf den Lippen, feurigen Blicken
       besäuselt beseligt
Emmi.

Am Forte Piano
der Schupo Celentano
Bier im Kasten, die Rechte auf den Tasten,
       befingert linkshändig
Emmi.

Pinten-Maria fein,
agil, ziemlich klein,
mit weiblicher Rasse macht Rubel in Kasse,
          dankt tobende Stimmung
Emmi.

Schwiegermutter,
gar nichts in Butter,
enttäuscht das Herz, Holzbein, kein Scherz,
          droht handstockbewaffnet
Emmi.

Einsam im Badefass
unterm Küchentisch pitschenass,
Gottfried beim Trinken, Mama mit Schinken,
          beäugt Klein-Ulla
Emmi.

Ami-Siegersoldat,
bedrohlich schwarz auf dem Krad,
mit festem Tritt und feindlichem Schritt,
          erliegt besiegt charming
Emmi.

Alles im Pinten-Rausch,
Emmi beim Partnertausch,
Wilhelm mit Krallengriff, hartem Besitzerpfiff
         zwingt bettwärts zügelnd
Emmi.

Busen raus,
ab nach Haus.
„Kleiner Mann, geh du voran!",
         seufzt schicksalsergeben
Emmi.

Wilhelm du,
lass mich in Ruh´,
mach´s Korsett mir auf, setz` die Schlafmüt-
ze auf
         und schnarche in Frieden,
Gruß Emmi.

      Frei nach Detlev von Liliencron

Ich höre, also bin ich.

Du hörst, also lebst du.

Kleiner Konzertführer

Für Frauke

Ich höre, also bin ich.
Ich bin, also höre ich,
tauche ein in die Welt des Klangs
von 12 Tönen,
die lustvoll und sanft,
gequält und besessen
unermüdlich die Lebensmelodie
variieren...................

wenn Bach, der Kantor,
im Wohltemperierten Klavier
die Gesetze der Folgerichtigkeit
auf die Musik überträgt
und mit dem Pulsschlag des Metrums
eine schöpferische Ordnung
entgrenzt und überborden lässt…

wenn Mozart den Pulsschlag der Musik
in immer neuen Melodien
von der perlenden Kleinschrittigkeit

Ah,vous dirai je, Maman!

über den energischen Türkenmarsch
zur himmelsstürmenden Krönungsmesse
die Freude als den Urgrund des Lebens
Klang werden lässt.....

wenn Beethoven
seine Lebenszeit klanglich spiegelt:
in der Eroica Napoleon laut
und beherrschend vergöttlicht,
in der Pastorale sich auf die Göttlichkeit der
Schöpfung zurückbesinnt
und in der Neunten, gefangen in der Isolation
der eigenen Hörlosigkeit,
vor Freude über die Göttlichkeit der Musik
überfließt
und ihre Botschaft der Brüderlichkeit allen
Menschen zujubelt.....

wenn in Brahms Ungarischen Tänzen
die Csardasfürsten in uniformierter Farben-
pracht
die Grenzenlosigkeit der Puszta bezwingen
und sich in der Schwermut der Vergänglich-
keit verlieren…

wenn Chopin, quälender Krankheit zum
Trotz,
mit Etüden, Mazurken, Préludes und Wal-
zern
die verwöhnte Pariser Gesellschaft entzückt
und in der klösterlichen Stille von Valdemos-
sa auf jämmerlichem Klavier
selbst den Regen eines mallorquinischen
Herbsttags in Musik verwandelt …

wenn Shostakovich dem Irrweg mörderischer
Systeme seine „Leningrad" entgegensetzt
und im Wechsel zwischen schrillen Tönen
und sanften Klängen
aufbegehrt gegen Unrecht, Zerstörung,
Krieg…
um mit den Mitteln der Disharmonie
den Überlebenswillen der Gequälten
aufzurütteln -
und mit den zarten Tönen der Harmonie
den Hoffnungslosen die Kraft der Schönheit
als Lebensgewissheit zu schenken…

wenn Dvorák aus der verträumten Fluss-
landschaft der Moldau,
der Untergang-geweihten Welt der Kaiser-
reiche,
den Bogen schlägt zu der „Neuen Welt",
der Welt des Aufbruchs,
der Unbegrenztheit aller Möglichkeiten,
der Hoffnung auf den neuen Menschen,
frei von geographischer Enge
und eingrenzenden Zwängen europäischer
Geschichte.....

wenn Piazolla den Tango aus der
Schwermut der getanzten Einsamkeit löst
und in die weite Klangwelt des Konzertsaals
wachsen lässt…

wenn von dort hierher
und von hier dorthin
der schöpferische Funke Kontinente über-
springt
und die Seele im Rhythmus beseelter Musik
erklingen lässt...

....dann fühle ich, dass ich bin.

So ein Mann, so ein Mann …

Für Hans von Ulla und Ellen

Kommt er des Morgens aus dem Pfuhle
und betritt dann seine Schule,
schau'n ihn unsere Augen wohlgefällig an.
Denn vom Kopf bis zu den Socken
will mit Outfit er uns locken,
und wir robben uns ganz langsam an ihn ran.
Dann ertönt das Klingelzeichen,
unsere Sympathien weichen.
Während wir die Arbeit packen ernsthaft an,
küssen ihn die zarten Musen,
drücken ihn an ihren Busen,
und wir seufzen:
Welch´ beneidenswerter Mann!

So ein Mann, so ein Mann
törnt uns unwahrscheinlich an!
Dieser Mut, diese Kraft
weckt in uns den Lebenssaft.
So ein Mann, so ein Mann,
ja an dem ist manches dran.
Ernst und Witz wohl gepaart!
Ohne ihn wär´s Dasein fad.

Beginnt um 10 Uhr dann die Pause,
sammeln wir uns all´ zum Schmause,
sitzen brav und artig links und rechts herum.
Schon ertönt im Machotone:
„Her mit Jacobs Feiner Bohne,
Frauke, hopp und her und steh´ nicht dumm
herum!"
Wenn wir ihm die Säfte reichen,
lässt die Phantasie er schweifen,
schwärmt von Meyers Dünndarm, Dickdarm,
Magerkur,
wo ein Brötchen streng dividieret,
nur mit Käse knapp beschmieret
ihm beschert die Wonnen menschlicher Na-
tur.

So ein Mann…

Kopiert er mittags seine Noten,
schaut der Chef ihm auf die Pfoten,
und die Susi springt flugs an die Apparatur.
Denn der Hans, ihr Herzensschätzchen,
hat bei ihr ein Sonderplätzchen,
und das hütet er verbissen und ganz stur.
Streckt er erst das Divapfötchen
dankend aus zu einem Löbchen,
klopft er Sprüche dann in flotter Künstlerart,
dass der Chef fällt fast vom Hocker,
doch wir andern nehmen´s locker –

das hat uns schon Frust und Ärger oft er-
spart.

So ein Mann...

Gibt es dann und wann Konferenzen,
möcht´ am liebsten er sie schwänzen,
doch wir Damen halten ihn magnetisch fest.
An den großen Geistesgaben
soll er sich dann ruhig erlaben,
der beim Fußball manchen schier erblassen
lässt.
Spreizt er dann sein Pianohändchen,
linsen wir übers Brillenrändchen,
sehen life seine Flachs-Fax-Sing-Sang-
Schauspieltour,
wenn respektlos querulantisch
er kopiert frech-frei komödiantisch
und serviert Theater quicklebendig pur.

So ein Mann, so ein Mann
törnt uns unwahrscheinlich an!
Dieser Mut, diese Kraft
weckt in uns den Lebenssaft.
So ein Mann, so ein Mann,
ja, an dem ist alles dran,
Ernst und Witz wohl gepaart,
ohne ihn wär´s Dasein fad.

Ich erinnere mich, also war ich…

mit Dir und ohne Dich….

Namibia

Dünen –

löwengelb, eisenbraun,

endlos weit und still.

Dicht vor mir Wasser.

Ich laufe mit schwerem Schritt

durch hemmenden Sand,

will es riechen, einatmen, fühlen,

sein Blau aufsaugen,

in Bilder zwingen –

Fata Morgana!

Dünen –

löwengelb, eisenbraun.

Verloren im Sand ein dürrer Strauch,

Kameldorn mit harter Schale.

Kommt der Regen

am Ende der Endlosigkeit,

sprießt grün vergänglich

kraftvoll neues Leben.

Realität!

Fish-River-Canyon

Namibia

Die Erinnerung ist die Erinnerung
an die Erinnerung der Erinnerung......

Ich erinnere mich, also bin ich.
Du erinnerst dich, also bist du
mit mir ohne deinen Willen
der unverwüstlichen Ewigkeit
uralten Gesteins
ausgeliefert gewesen.

Ich erinnere mich, dass du wie die andern
die Tiefe und Weite rational erfassen woll-
test,

mit scharfem Blick unter Felsbrocken
den Fish River suchtest, Jahrmillionen alt,
verkümmert, wenn die Sonne brennt,
übermächtig, wenn endlich Regen fällt.

Ich erinnere mich,
dass ich nur Ewigkeit erinnerte,
Weite, Tiefe, grenzenlose Endlichkeit…
Doch auf felsigem Grund entdeckte ich sie,
eine winzige Blume in kräftigem Gelb,
die, den Hauch eines feuchten Tropfens auf-
saugend,
lustvoll der Ewigkeit Leben und Gegenwart
entriss.

New Orleans

Ich erinnere mich:
Am Anfang war nur der Klang, nur das Bild:
Ein Trauerzug in weißen Gewändern,
der wiegende Schritt fremder Körper,
getragene Blechmusik…

Ein Leichenzug von Männern,
Frauen und Kindern
begleitete Onkel Joe zu seinem Grab,
zu seinem Grab über der feuchten Erde von
New Orleans.

Doch kaum war Onkel Joe dem Grab
über der feuchten Erde von New Orleans
anvertraut,
da verwandelte sich der Trauerzug
in eine rhythmisch zuckende, entfesselte
Schar weißer Gewänder, schwarzer Körper,
wilder Musik und trotziger Lebensgier.

„Tod, wo ist dein Stachel?
Tod, wo ist dein Sieg? –
So möchte ich dir auch begegnen."

Dazwischen Jahre der Ferne,
der nicht erlebten Bilder...
und Sehnsucht nach der Erfahrung
der Wirklichkeit hinter den Bildern.

Gerade noch rechtzeitig,
bevor Katrina kam,
kamen wir, die Touristen –
Bilder und Klang im Herzen,
ungeduldig, begierig – neugierig
auf die Wirklichkeit unserer Träume,
auf die Stadt am Mississippi,
das alte Piratennest,
fünf Fuß unter dem Meeresspiegel,
den Sümpfen und Mosquitos abgetrotzt.

Schwankender Boden – New Orleans..

Gefestigt und gefügig gemacht
mit puritanischer Härte und monetärer
Macht,
die im wasserzwingenden Brückenbau,
im himmelstürmenden Superdome
ihre Glaubensgewissheit erdet und transzen-
diert.

Lose verankert mit schleifenden Ketten,
kaum sichtbar dem flüchtigen Auge,

in weiter Ferne die Hütten der Schwarzen,
zwischen Vodookult und verwehrter Gegen-
wart in Glaubenshoffnung verloren.

Doch unbeirrt von schwarzem Elend und
weißer Macht,
von der Qual der Diesseitigkeit
und dem Traum sichtbarer Ewigkeit –
French Quarter –
begierig gelebte Gegenwart:

Schreiende Farben, Rhythmus, Tanz ....
Cajun, Blues, Blues und Jazz,
Schwarze und Weiße,
Mulatten, Mestizen, Kreolen......

Im Schmelztiegel der Vergangenheit
mäandert der Strom der Gegenwart
mit wiegendem Schritt in triumphaler Lust,
das Herz voller Gier nach dem Heute und
Hier –
Aschermittwoch und den Friedhof im
Rücken.

            Memento mori!

    „Tod, dein Stachel reizt.

Er steigert den Genuss
zum Rausch der Sinne
mit Cajun, Blues und Blues und Jazz,
mit Schwarz und Weiß,
Mulatten, Mestizen, Kreolen,
im ewigen Rhythmus
der Gegenwärtigkeit."

Danach nur wenige Wochen der Ferne,
die Fülle erlebter Bilder tief eingebrannt
in die Festplatte der Erinnerung -
und Stolz auf die Erfahrung
der Wirklichkeit hinter den Bildern.

Dann kam Katrina...
Der Tod zeigte seinen Stachel
und schwemmte die Stadt entzwei
in Weiß und Schwarz und Schwarz und
Weiß.
In den mäandernden Wassermassen
barst der Schmelztiegel der Vergangenheit
geräuschlos, unerbittlich…
und zeigte sein Gesicht.
Sein Gesicht war schwarz.

„Tod, da war dein Sieg."
So möchte ich dir nicht begegnen.

Fünf Jahre später kam BP
mit monetärer Macht
und der gierigen Glaubensgewissheit,
Menschen und Natur
gefügig machen zu können,
um ihr das schwarze Gold uralten Werdens
aus tiefem Meeresgrund abzujagen.

Deepwater Horizon - weit draußen im Golf,
fern der Küste dieser alten Piratenstadt,
die auf schwankendem Grund,
Katrina zum Trotz ,
die Lebensgier der Vergangenheit
in die geschundene Gegenwart schleift -

Deepwater Horizon - weit draußen im Meer,
den Horizont zerteilend,
träumt den uralten Traum
menschlicher Allmacht -
und zerschellt an der explosiven Kraft
widerständischer Natur und
menschlicher Ohnmacht.

Deepwater Horizon – zu nah dem alten Pira-
tennest -
bringt die Angst zurück in die Gegenwart
und den Zweifel in die Herzen
der Glaubenssüchtigen.

Das Öl verdunstet? Verbrannt? Mikroben-
zerfressen?

Tod – dein Stachel bleibt…

Für Günther

Gelb
Die Erde
Karg und spröde
In Sonnenglut gebrochen
Totenacker

Schwarz
Die Menschen
Wortlos klagend
Glaubenszweifel – Jenseitsbeschwörung
Trauerzug

Dunkel
Die Tiefe
Das Leben erloschen
Der Freundeshand entglitten
Grab

Blau
Der Himmel
Unendlich und ewig
Dein Ich ein Staubkorn im
Kosmos

2008

Parallele Welten, 1938
Vision I

Golden Gate Bridge

Am Anfang war die Vision,
ein Hauch von Wirklichkeit,
regenbogenleicht verbindend Hier und Dort.

Am Ende stand die Wirklichkeit,
der Gegenwart die Zukunft übereignend.

Davor - dazwischen – danach?
Das Rätsel Mensch: Joseph Strauss!

Woher der unbeirrbare Glaube,
der ungebrochene Wille,
das „Menschen"-Unmögliche
Gestalt werden lassen zu können ?

Das Goldene Tor - dieses Wunder der Natur,
das sich im pazifischen Nebel
dem Eindringen verschließt -
der Kühnheit menschlicher Vision
gefügig machen zu können?

Golden Gate Bridge!!

Dem Meeresboden abgerungener Regenbogen,
der Erde zugeneigt fest verankert in harten
Fundamenten,
gespannte Stahltrosse über Brückentürme,
willfährig schwankend im pazifischen Wind -

Materie gewordene Vision,
Poesie gewordene Materie.

Geschrieben in Bewunderung für den Ingenieur Joseph Strauss, der die Idee, allen Widerständen zum Trotz, nach 18 Jahren realisieren konnte und im Jahr ihrer Freigabe 1938 verstarb.

Vision II

Am Anfang war die Vision –
der Wille zur Macht –

im Stiefelschritt
von der verletzten Kinder- und Volksseele
den Bogen zu spannen
zur weltumfassenden Übermacht.

Am Ende stand die Wirklichkeit:
eine zerstörte Gegenwart:

auf den Kristallscherben
des Kadavergehorsams
und den Verwüstungen
verdammter Allmachtsphantasien
der Zukunft Scham und Trümmer übereig-
nend.

Davor .....
Das Rätsel Mensch: Hitler!

Woher der unbeirrbare, unberedbare Wille,
das „Menschen"-Unmögliche erzwingen zu
können,
auf den Scherben des Unrechts
im Marschschritt die Seele gefügig machen
und die Welt unterwerfen zu können?

Woher die unbezweifelte Gewissheit,
der Volksseele -
traumatisiert durch Krieg, Giftgas,
in Blut erstarrtem Hurrapatriotismus,
durch Inflation und Wirtschaftskrise,
Arbeitslosigkeit und Straßenkämpfe....

Woher die Gewissheit,
diesem Volk den Glauben
an die entgrenzende Überlegenheit
blonden Herrenmenschentums
aufzwingen zu können?

Dazwischen.....

Weltherrschaftsphantasien.....

Das Volk – paralysiert und hypnotisiert
von der geifernden Siegesgewissheit
selbstberauschter Komplexbewältiger
und der Macht erobernder Stiefelschritte.
.

      Danach.....

Das Volk -
dezimiert in Märschen durch Unrecht, Mord
und Tod...
traumatisiert durch die Gnadenlosigkeit
seiner Schuld:

der Vernichtung seiner Mitmenschen,

der Verwüstung der Welt,

der Entmenschlichung seiner selbst…

Scham gewordene Vision,
in Trümmer zerfallene Materie.

Anders gedacht

Über den Wolken, da muss die Freiheit wohl
grenzenlos sein...

Gepfiffen –

Da schwebst du im Flugzeug – und gar nicht
allein.
Hörst die Sicherheitshinweise – falls die
Freiheit bedroht,
isst genügsam schmalbrüstig ein pappiges
Brot,
trinkst zaghaft etwas Wasser, falls Verdurs-
tung dir dräut,
oder Cognac oder Rotwein,
der die Flugangst wegbläut...

Schwebst sehnsüchtig in die Ferne,
fest gegurtet, der Erde entrückt,
träumst von Freiheit und hoffst doch,
dass die Landung bald glückt,
erlebst im Wechselbad der Gefühle
Reinhards Freiheitsphantasie
als Existenzausreizung
 mit vorheriger Stornierungsgarantie.

Über den Wolken scheint der Himmel ganz
nah...
Soviel Freiheit!!! – Unvorstellbar wunderbar!!!

Doch nicht heute, vielleicht morgen..
oder besser zunächst nie
stimm` ich ein in diese grenzen-lose
Wolkeneuphorie.
Hab´ zu viele Freiheitsträume
glaubensmäßig investiert,
bleibe lieber fest geerdet,
Freiheitssehnsucht grad´ storniert.
Hab` die Deutungshoheitsräume
philosophisch reduziert
und die alte Seinsverortung
endlich gründlich renoviert.

Juli 2008

Der Erde so nah

So nah war ich ihr noch nie!

Vorsichtig tastet mein Schritt :
Dünnhäutig – gelb die Erdkruste,
zerbrechlich in ewig-aschfahlem Erguss
kränkenden Schwefeldunst atmend.

Faszination und Widerstreben!

Materie und Magie,
Ewigkeit und Phantasie:
Ein Quantensprung aus der brodelnden Na-
tur
in den ewig suchenden Geist..

Neugierig spreiz` ich den Schritt:
begrenzt – unauslotbar die Erdspalte,
unerbittlich in ewig-driftender Kraft
Kontinentalplatten west-ostwärts zwingend.

Faszination und Widerstreben!

Materie und Magie,
Ewigkeit und Phantasie:
Ein Quantensprung aus der gesicherten Welt
in die ewig treibende Natur.

Wohlig tastet mein Schritt:
Pelzig-grün der Teppich aus Moos,
bereitwillig aus ewig-wärmendem Stein
erdhafte Geborgenheit verströmend.

Faszination, kein Widerstreben!

Materie und Magie,
Ewigkeit und Phantasie:
Ein Quantensprung vom erstarrten Stein
in das Glück des erlebten Moments.

Vorsichtig spreiz` ich den Schritt:
Milchig-warm die Blaue Lagune,
freundlich aus ewig-sprudelnder Tiefe
Lachen und Jubel entfesselnd.

Faszination, glückhaftes Hingeben!

Materie und Magie,
Ewigkeit und Phantasie:
Ein Quantensprung aus kochender Erde
in den Rausch sich auflösender Zeit.

Schwankend der tastende Schritt:
Eisig-uralt die Gletscherlagune,
trügerisch in ewig-kaltem Farbenspiel
Staunen und Fragen entfesselnd.

Faszination, heimliches Erbeben!

Materie und Magie,
Ewigkeit und Phantasie:
Der Quantensprung von gleitendem Grund
in die gewisse Vernichtung des Seins..

2008

Ein Dank den Reiseleitern

22.06. – 30.06.2008

Für Ingo

Der Abschied naht, das Herz ist schwer,
denn Island seh´n wir bald nicht mehr.
Doch in die Festplatte des Herzens gebrannt,
bleibt Ingo mit seinem Trollenland.
Voll Hintersinn mit kauzigem Humor
führt´ er Land, Dichter und seine Sichtweise
vor.

Die Schönheit in Weite,
Tiefe und teuflischen Gerüchen
haben wir begierig mit ihm erschlichen:
Die Gletscherlagune in eisigem Farbenlicht,
das Islandmoos, wie ein wohliger Teppich so
dicht,
Dentifoss, Hängifoss,
fallende, hängende Wasserfälle,
rauschend dampfende vulkanische Quellen,

Fumarole, Pseudokrater,
Vatnajökull, Thingsvellir –

Fremde Welt   -

     Und wir war´n hier!!!

Jetzt bleibt uns nur noch,
vergrabene Knochen zu finden,
zu Hause den kriminalistischen Spürsinn zu
schinden
und Island samt Ingo
dankbar aufzubereiten
für winterkarge Erinnerungszeiten.

Doch seinen Anteil
von unserem eventuellen Künstlerlohn
geben wir sicherheitshalber heute schon.

Für Despina

Griechenland

Trauer musste Elektra tragen,
uns schlägt der Abschied auf den Magen.

Denn nach weißen Anfangsrosen
hörten wir von all´ den Chosen,
womit Zeus, der Göttervater,
lustvoll stiftete Theater.
Europa stahl er frech vom Strand.
Dionysos pflanzte er per Hand
sich sorgsam in sein Oberbein.
Der Knabe musste gerettet sein,
damit als Mann er später dann
den Kult des Rausch´s einführen kann.

Auf dem Olymp, ganz familiar,
bei Nektar und Ambrosia,
gab´s viel Gezeter und Geschrei
und Hera mittenmang dabei.

Nach diesem regen Götterhimmel
beruhigte Mistras Christenhimmel
mit Drei in Eins und einer Nonne
im Strahlenkranz der Christenwonne.

Von Pythias Künsten später entzückt,
wären wir beinah der Welt entrückt.
In tiefste Mythen eingesponnen,
sind wir Apollo so grad noch entkommen
im kühnen Zeitsprung ohne Glanz mit Gloria
hinauf zu den Klöstern von Meteora.
Wir atmeten tief die spirituelle Kraft –
und waren körperlich erschlafft.

Leonidas, der Mann der Thermopylen,
ließ uns noch einmal Geschichte fühlen,
bevor wir – zurück in Athen -
schmerzlich auf das Ende seh´n.

Die Spuren der Antike –
Geschichte, Kultur, Natur -
für alle Vergnügen und Bildung pur
dank Despinas Weisheit und Format
präsentiert in kluger Aphroditenart.

Diese Reise war für alle ein Gewinn.
Wir sagen danke.

Wir sind futsch und hin.

Hildchens Heldentaten

Ruckzuck...

Kensington High Street – vornehme Welt...
Im Bus verschwand ruck-zuck das Geld.
Eine listig – umgarnende fremde Hand
frech-unverfroren Hildchens Börse fand.
Die Taschen leer, entsetzt ihr Blick:
Das krieg´ ich bestimmt nie mehr zurück..
Die Polizei, dein Helfer in Not,
Ullas alphabetisches Sparangebot,
der Zahnlücken- Server der Rezeption,
verwirrende Storys am Telefon,
ein Hü und Hott und Hin und Her
oh Gott, in Englisch – fällt das schwer
dem alten, trägen Oma- Hirn,
das munter den Briten bietet die Stirn
auf der Jagd nach dem geraubten Geld,
das schon längst in Londons Unterwelt
versickert, versandet, verpufft und verweht –
was Hildchen nun ganz und gar nicht ver-
steht.
Sie schwingt ihren Koffer aufs King-Seize-
Bett.
Den Mini-Schlüssel aus Hotelbestand
ganz fest in ihrer wütenden Hand,
breitet sie stolz und wild verwegen

immensen finanziellen Segen
aus der heimischen Haushaltsmasse
nebst Rummikub - Vergnügungskasse
auf das Hotelbett der vornehmen Art -

      dass Ulla mit offenem Mund erstarrt.

Da blitzen Schmuck und Geld in Fülle
auf samtig grüner Seidenhülle.
Was soll denn die Verbrecherhetze
im Angesicht solch´ toller Schätze?

Die Existenz der letzten Tage
ist bestens gesichert– ohne Frage.
Drei Ortsgespräche nur noch begleichen,
dann können wir erleichtert heimwärts strei-
chen.

Doch ach, auch die englische Oberwelt
will eins vor allem: Hildchens Geld!
Sie schröpft sie rabiat trotz Frage und Pro-
test
und gibt ihr wahrlich den bitteren Rest.

Weg jetzt, trotz Queen und Tower-Blick!
Old Germany bleibt der letzte Kick
für Ladies der besonderen Art,
die ein Leben lang ihr Geld gespart.

Rumpelpumpel – weg war der Kumpel

Im Nachtzug nach Lissabon !!!
Wer träumte nicht gerne davon.
Doch unser Ziel war nur - juchhe:
Zwei Männer und Männlein,
drei Frauen im Schnee.

In Dortmund, wo die Reise so richtig begann,
fing gleich die Überrumpelung an:
Kein Speisewagen –
wie erwartungsvoll geplant –,
nur pappiges Brot,
als Sandwich getarnt,
kein Bier vom Fass -
so sehnlichst benannt -,
nur Bier in Dosen
auf dem Klappbettrand.
Zwei Etagenbetten,
jeweils für drei,
mit der guten Luft war´ s schnell vorbei.

Doch drei plus drei macht sieben minus eins:
Hildchen nahm von beiden natürlich - keins.
Begleitet von Gero, Horst Eckhard und Personal
wählt sie, trotz eindeutiger Reservierungszahl,

das Abteil ihrer Träume, nicht reserviert,
im andern Wagen, gänzlich ungeniert.

Der Zug rauscht friedlich durch die Nacht
bis in München das Stellwerk polternd
kracht.
Ein Stündchen danach ist Aufstehzeit.
Alle mäßig gewaschen gerüstet bereit.
Gero, gemäß Hildchen, Paragraph eins Ab-
satz sieben,
ist ihrem Auftrag treu geblieben,
schreitet zum Wecken zum andern Wag-
gon...
doch der, tja der - ist längs auf und davon.
Drei plus drei macht bekanntlich sieben
Minus eins: Wo ist Hildchen geblieben?

Geros Blick nach draußen - wunderbar,
so leer, so zuglos und morgenklar,
von Skiern und Koffern unverstellt
in eine berauschende Bergeswelt.

Doch irgendwo draußen, oh weh, oh weh,
fährt Hildchen allein durch knirschenden
Schnee.

Inzwischen sind sechs durch den Zug ge-
rannt,
mit Handy bewaffnet die linke Hand.

Erst wird die Schuld geprüft und geklärt,
ganz egal, wo Hildchens Zug gerade fährt,
der Schaffner beschimpft und angegiftet,
der Lokführer zur Lösung angestiftet
vom Zug hier zum Zug nach irgendwo
- Piet muss inzwischen erst mal aufs Klo -,
dann wird die Verbindung endlich geschafft:

Hildchen lebt - wir sind ganz baff –

und spricht gelassen und unaufgeregt,
dass sie sich jetzt gen Süden bewegt.
Irgendwo an der nächsten Station
würde sie umsteigen, das wohl schon,
und dann gegen 11.30 Uhr, so lala,
wäre auch sie in Innsbruck, jaja,
mit dem Gepäck und ihren Moneten,
wir könnten uns ja die Füße vertreten.

Dazu war´n wir, ehrlich, erleichtert bereit´,
denn bei Kaffee und Sandwich vergeht die
Zeit gemächlich beständig,
nicht unbedingt schnell –

doch Hildchen war leider auch dann nicht zur
Stell´.

Als die Bahnhofsuhr auf 11.30 Uhr zeigt,
hat sie schon längst den Anschluss vergeigt,
weil der erste, waggonabgehängte,

zu spät in den Bahnhof einschwenkte,
wo seinerseits wenige Minuten voraus
ihr Innsbrucker abfuhr – ei der Daus!

Das Handy schafft Klarheit, Opa das Bier:
Alle versammelt im Warterevier.
Und endlich, endlich nach müdem Warten,
nach Würstchen, Käse und roten Tomaten
erscheint minus eins bei zweimal die drei:

Die Warterei ist endlich vorbei !

Ganovenjagd

Mancher Traum vom großen Geld
kaum gedacht – schon zerfällt!

Glückstadt hoch im Norden,
kleines Tor zur weiten Welt,
kann Devisen dir besorgen,
bis der letzte Groschen fällt.

Hildchen hockt in der Kabine,
rechnet, wechselt, zahlt auch aus,
was mit Kopf, was mit Maschine
kommt bei all dem Denksport raus.

Gibt dem Türken sein Erspartes
für Mama im fernen Land,
dem Matrosen Aufbewahrtes
aus Devisenrestbestand.

Sieht verdutzt dort Differenzen,
Dollar da und D-Mark hier.
Die Matrosen schon beim Lenzen
auf dem Schiff am Ladepier.

Entert forsch den fremden Frachter
und durchfragt das Sprachgewirr,
bis am Ende gegen Achtern
sie entdeckt Kabine vier.

Dringt keck vor zum Übeltäter,
der dort in der Ecke hockt,
und beschuldigt den Verräter,
der Commerzbankgeld verzockt.

Wedelt drohend mit der Rechnung,
guckt ganz grimmig ihn dann an,
aber alles ohne Wirkung,
nix versteht der Ruski-Mann.

Fleht in ihrer Not so großen
Selbst den Kapitän dann an,
der dabei ist zu erbosen,
weil hier Unrecht ward getan.

Nur - wer ist der Übeltäter,
Seemann oder fremde Frau?
Aus dem Hin-und-her-Gezeter
wird kein Teufel klug noch schlau.

Hildchen greift zur letzten Waffe,
droht beherzt mit Polizei.
Da erschrickt der feige Laffe,
seine Lügen - prompt vorbei.

Holt aus seinem Vorratskasten
all die Scheine – unberührt.
Hildchen grapscht sie, muss jetzt hasten,
Käpt´n Blau vom Schiff sie führt.

Mit Triumph ab zu Commerzens,
wo die Kasse wieder stimmt.
Doch der Chef, statt munteren Scherzens,
sie ergrimmt zur Brust sich nimmt:

Ach was hätte... wenn und aber
ihr dort...meine Güte ja...
Doch was soll all das Gelaber?
Hildchen hier, Geld wieder da.

1997

Ich gratuliere Dir,

also bist Du…

Frauke

Aufwachen
Kuschelndes Verharren
In wärmenden Federn
Das Ich voll Erwartung
All-tag

Tag-täglich
Stille Fragen
Nach Sinn und Bestimmung
Das Ich im Kosmos -
Verloren?

Geborgen
Im festen Netz
Zuwendung und Widerschein
Voll Tatkraft und Mut
Sinnfindung

Leben
Beseelte Hingabe
Hier und heute
Das Ich im Kosmos des Du
Aufstehen!

Bärbel

Aufwachen
Stille Fragen
Nach Anfang und Ende
Dem Ich im Universum
Geburtstag

Geburtstag
Mildes Oktoberlicht
Begrenzung der Zeit
Aufhebung in Farbe und Bild
Glückwunsch

Glückwunsch
feste Füße
kräftige Gelenke
wache Sinne und gestaltende Kraft

Ulla

Ellen

Aufwachen
Stille Fragen
Nach Ziel und Sinn
Geburtstag

60 Jahre
Aufbegehren der Gefühle
Fester Wille auf brüchigem Grund
Das Ich im Widerstreit der Begegnungen
Septemberlicht

Sechs Jahrzehnte
Lebenslust voll Wissbegier
Daseinsfreude, Daseinszweifel
Das Ich fest geerdet im Freundesnetz
        Sinnerfahrung

Rückblick
Jahre der Zuwendung
Tage der Erschütterung
Das Ich der Zukunft entgegentrotzend
Sinnbehauptung

Glück
Erhoffter Lebensgrund
Irrlicht der verfehlten Erwartung
Persönliche Sinnfindung als Leben
Erfüllung

Für Susi

März 1990

Brauchst du Bleistift, Papier,
Klebe, Klammer, Radier…
frag´ Susi !

Suchst du unsern Johann
mit dem Stundenplan,
frag´ Susi !

Hast du Schmerzen im Kopf
oder Kratzen im Kropf,
frag´ Susi !

Plagt dich dies oder das,
bist du mies oder was,
klag´s Susi !

Brauchst du Fotokopien,
Matrizen zum Zieh´n,
frag´ Susi !

Suchst du Pflaster und Pillen,
um den Blutfluss zu stillen,
frag´ Susi !

Hast du Kummer im Haus,
hältst du´ s gar nicht mehr aus,
frag´ Susi !

Plagt die dies oder das ,
bist du mies oder was,
klag´s Susi !

Brauchst du ´nen Text frisch getippt,
weil Kopierer versifft,
frag´ Susi !

Suchst du Rat oder Tat,
daran wird nicht gespart,
frag´ Susi !

Hast du Zorn oder Wut,
beides tut dir nicht gut,
frag´ Susi !

Plagt dich dies oder das,
bist du mies oder was,
klag´s Susi !

Brauchst du ´ nen Telefonat
mit ´nem Adressat,
frag´ Susi !

Suchst Kartei du voll List,
Schülerlaufbahn und –frist,
frag´ Susi !

Hast du´ nen Lehrerproblem,
ist der Chef unbequem,
klag´s Susi !

Hast du dies nun kapiert
und im Innern notiert,
sag´ Susi,

dass, wenn dies oder das
dir macht gar keinen Spaß,
du rufst

Susi!!!

Susi

Geburtstag
Erinnernde Gegenwart
Anhalten des Alltags
Geborgenes Ich im Gratulantenkreis
Glücksbehauptung

Kaffeetafel
Duftende Verheißung
Muntere Daseinsbestätigung
Gemeinsamer Lebenszeit
Frühlingsglück

Bunt
Knospender Neubeginn
Erregung der Sinne
Das Herz voll Erwartung
Glücksgarantie

Geschenke
Vielseitige Wahrnehmung
Freude des Überraschtwerdens
Das Ich fest geerdet
Daseinsglück

Geburtstagsgruß
Fröhliche Zuwendung
Fülle gemeinsam erlebter Zeit
Im Du-Ich-Wir-Menschheitsspiel
Geburtstagsdank

Andrea

Bielefeld
Hin und her
Piet voran
Andrea dann
Geburtstag

Prießallee
Detmolder Chaussee
Bremer Eck - ach du Schreck:
50 Stufen rauf – schnauf!
Verbindung nicht gelungen

Selm zurück -so ein Glück -
Griff zur Gratulantenfeder
Schaff ich doch, kann doch jeder...

Pack beim Schopf meinen Kopf
Doch oh Graus, Gehirn fällt aus
Betrieb gestört, Ulla empört:
Gratulation muss warten

Blut druckt sehr, ein Vers muss her
Sonst bleibt´ s Renommee
auf Bielefelds Chaussee
Adrenalin steigt an,
Serotonin im Gespann
schießt mildherzig taktisch
Dopamin-synaptisch
in Hirn und Herz – kein Scherz...

Hirnrinde neu belebt,
Gedanken leicht verklebt
wünschen tiefe Freude, Lebensglück
wohl portioniert pro Tag ein Stück
als Dank für all´ die hilfreichen Taten
die dir, Andrea, unermüdlich geraten
in Familie, Freundes- und Schülerkreis.

Hallo, Maria, Geburtstagskind –

ein kleiner Morgengruß, ganz geschwind !
Die besten Wünsche fürs neue Jahr,
so gut wie das vergangene war.

Gesundheit natürlich first-primär,
viel Freude, Zufriedenheit familiär,
an der beruflichen Basis weiterhin Lust
trotz flegeliger Burschen
und Ab-und-zu-Verdruss.

Vergnügen mit Deinen Kollegiums-Damen!
Reisetripps in und außer dem Rahmen
der familiären Gesamtfraktion
als wohlverdienter Wertschätzungslohn
für all das Geracker in Küche, am Herd
für Christoph, Uta und last not least Bert ?

Es bleiben noch außer dem engen Kreis
der eine oder andere weibliche „Greis"
der Ehemaligen-Extra-Klasse,
klein an Zahl und gering an Masse,
die sich behaupten in Hab-Acht-Position
mit individueller Beitragsmunition
zu diversen gepflegten Possibilitäten
ob menschlicher Güte, künstlerischer Raritä-
ten –
die gerne in die Ferne schweifen,

Fantasia beim Tanzbein greifen
und dankend dem Genuss dann frönen
beim Kaffeeklatsch, den andere löhnen.

Heute kommt das Vergnügen ungebremst zu
Dir mit freundlichsten Grüßen
im Brief, auf Papier

von Klein-Bork in die Großstadt Olfener Art,
die stolz ihre römische Größe bewahrt
und uns mit Neid und Sehnsucht erfüllt,
die wir bescheiden in Demut gemüllt.

Gedenke unser, ich gerne Dein
und grüße alle ganz allein.

2011

Guten Morgen, liebe Dorle

Zum Geburtstag viel Glück,
viel Freude und Freunde
aus dem Borker Beritt.

Gesundheit und Spaß mit Familie und Gans,
flotte Füße und Beine für Senioren und Tanz.

Gute Laune wie immer trotz Oskars Gebell,
den Ausflug mit Schwager gemach, nicht zu
schnell.

Munter vorwärts, ganz ohne groß zu klagen!
Du packst es eh, wirst nie versagen.

Neue Witze für uns, Dein Damenquintett,
lebenslustig trotz Mühsal und Alterskorsett.
Bring´ den Schwung um alle Nachbar-
schaftsecken,
lass´ Dich bloß nicht beirren und nicht er-
schrecken.

Grüß´ Sabine ganz herzlich und Partner so-
dann,
bedenke immer, er ist kein Ganter, sondern
ein Mann.

Kühle Sekt und den Cappenberger Tropfen
für alle Freunde, die munter bei Dir klopfen.

Bleib´ zufrieden mit Dir und Deiner Natur,
sie ist für uns Damen Vergnügen pur.
Drum sag´ ich für heute ganz locker bye-bye,
am Donnerstag schau´n wir eh alle vorbei.

Es grüßt – na wer wohl –dreimal darfst Du
raten!
Ich bin ganz sicher, Du witterst den Braten:
Deine Nachbarin, nebst Ehemann,
die vieles will, nicht immer kann,
doch stets ein Reimchen schreiben muss
zu ihrem und der andern Genuss?!?!?

Dorle hat Geburtstag

Ei, wie schön!
Da müssen wir doch prompt
nach dem Rechten seh´n.

Ulla ist jetzt zur Stell´,
Anneliese noch ganz schnell
im Nachbarschaftshilfsangebot
mit Heinrich zur Linken,
- Glück mög´ ihm winken -
zum Lüner Männer-Urolog.

Du bist auf jeden Fall hier.
Dafür danken wir Dir.
Denn was wären wir
ohne Dorle, Sekt und Bier?!

Kein munteres Wort
über Straße und Zaun,
kein kecker Witz
zum Schenkelhau ´n,
kein teilnehmendes Ohr
bei Alltagssorgen,
kein fröhliches Lachen
am Edeka-Morgen.

Darum kommt im Umkehrschluss
der herzlichste Geburtstagsgruß:

Gesundheit vorweg an allen Tagen,
einen Cappenberger
für den gnägeligen Magen,
ein Körnerkissen für Rücken et cetera pp,
kein Kopf-, Ohr- und ähnliches Wehweh.

Die liebe Familie ist Dir gewiss,
auch Alexander hat Nierfeld - Biss,
und Gunwald, der gänselnde Transvestit,
die/ der hat Dich ewig salatblatt lieb.

Mit Muckel und Helmut
nicht allzu viele Plagen.
Gute Nerven und feste Beinchen
an Arbeits- und Trallafitti -Tagen.

Jetzt wünschen wir, die Nichtverwandten,
Dir dennoch bestens gut Bekannten,
Dir und uns aus tiefem Herzen
ein treues Miteinander bei Trauer und Scher-
zen.

    Anneliese und Ulla

Annas Geburtstag

Der Herr Nachbar flüsternd spricht:
„Weißt du´s oder weißt du´s nicht?
Heut` ist Geburtstag."
Darum sind wir alle da,
Anna deine Nachbarschar,
wünschen dir heut` viel Glück...

Ach, Anna, ja, der Herbst ist da.
Der Mensch ist nicht mehr, was er war.
Die Hitze wallt in Wellen schon,
vom Stress geplagt jagt das Hormon....

Ach, Anna, ja, der Herbst ist da.
Der Mensch ist nicht mehr, was er war.
Der Nacken nach der Rolle schreit.
Das Kräuterkissen ist griffbereit.

Ach, Anna, ja, der Herbst ist da.
Der Mensch ist nicht mehr, was er war.
Im Kiefer oft das Zahnfleisch juckt.
Der Lendenwirbel tückisch ruckt.

Ach, Anna, ja, der Herbst ist da.
Es knarzt manchmal der Steiß sogar.
Bei Zellulitis-Schenkel-Schreck
seh´n wir ganz frauhaft einfach weg.

Ach, Anna, ja, der Herbst ist da.
Das rechte Ohr hört nicht mehr klar.
Im Darm die linke Windung zwackt.
Das Bäuchlein nicht so recht entschlackt.

Ach, Anna, ja, die ? Jahr,
die steckst Du weg, das ist doch klar!
Denn Deine Freundesschar
singt fröhlich trallala:
Du bleibst für uns stets wunderbar!

Zu singen nach der Melodie:

Veronika, der Lenz ist da…

Anneliese

Oder der Song von der Gema

Brauchst du Mehl, Backpapier,
frische Eier à la Thier,
frag´ Anneliese.

Hast du´n Kühlschrank leer,
muss was Leckeres her,
sag´s Anneliese.

Ist Freund Stephan in Not,
ohne Schnaps, ohne Brot,
ruf´ Anneliese.

Plagt dich dies oder das,
bist du mies oder was,
klag´s Anneliese.

Als dem Nero nicht genehm,
dass das Kellerloch unbeguem,
miaute er´s Anneliese

Musste Mäxchen, als er heiß,
zum Kastraten, so ein Schei…benkleister,
packte ihn Anneliese.

Hat der Ganter nebenan
sich beim Sex schwer vertan,
wundert sich Anneliese.

Plagt dich dies oder das,
bist du mies oder was,
klag´s Anneliese.

Brauchst du´nen Witz separat,
daran wird nicht gespart,
entscheidet Anneliese.

Hast du Zorn oder Wut,
Westerwälder tut gut,
prost Anneliese.

Ach, die wilde Kneipenzeit
hielt das Herz frisch und weit
von Anneliese.

Hast du dies nun kapiert,
und im Innern auch notiert,
sag´ Anneliese,

dass, wenn dies oder das
dir macht gar keinen Spaß,
du rufst
                    Anneliese

Lieber Max, lieber Piet!

Kann es wahr sein oder nicht ?
Oma schreibt euch ein Gedicht,
weil erst heut´ am Spanischtag
Nikolaus verraten hat,
welche lockere Idee
er geschleppt durch Wind und Schnee
bis Klein-Bork im Nierenfeld,
wo ´s Opalein regiert die Welt.
Von Klein-Bork nach Bielefeld
wird's weiter durch die Post bestellt,
die per Bus und flotten Boten
transportiert, was ihr geboten:

Ein Vergnügen für Euch zwei,
Papa, Mama ruhig dabei.
Dann könnt ihr bei Action, Witzen,
auf dem Sofa liegen, sitzen
und voll Freude schniefen, lachen
über die verrückten Sachen,
die der Film euch präsentiert,
reichlich frech und ungeniert.

Schlusswort

Wenn das Nichts im Kühlschrank nichtet

und die Hausfrau munter dichtet,

dann verifiziert die Daseinslust,

dass falsifizierbar der Seinsverdruss !!!

Ich denke an Dich und an mich,

also bin ich.

gedichte

Du denkst an mich und an Dich,

also bist Du.

Wir denken an uns und unsere Welt,

also sind wir …